|| श्रीः ||

my श्रीमद् भगवद् गीता

Volume 3

Chapters 12-18

This tracing book belongs to

____

____

Publisher:
Sandeep J. Agate
ShreeMeera Foundation (SMF)
2775 Orchard Run Road, Suite 136
Dayton, OH 45449, USA.
www.shreemeera.org

Edition and Publication Date:
1st Edition, February 08, 2026

Lunar Date:
ShreeĀie Mahārāj Puṇyatithi
Māgha, Krişhṇa Saptamī
ShreeShake 1947

ISBN 979-8-90392-024-2

Dedication and Offering

His Holiness ShreeMāmā Mahārāj
Her Holiness ShreeAie Mahārāj

Every moment deepens our understanding of who You are, what You have taught, and how You have lived. Our journey of reflection and practice has only begun, yet with every small act of service, Your grace continues to bless, guide, and protect us.

We humbly recognize the sacred privilege of being chosen to serve in this way. Through these tracing books, may our hands, hearts, and minds remain instruments of Your will, spreading love for the Shreemad Bhagawad Geetā and nurturing the spirit of daily sādhanā.

We pray for forgiveness for our shortcomings, for the strength to uphold the high ideals You have set before us, and for unwavering consistency in our service.

With deep gratitude, we place this offering at Your divine feet, seeking Your continued blessings and guidance on the path You have so graciously designed for us.

- Sandeep
On behalf of Team SMF

Prayer

✽

गुरुर्ब्रह्मा गुरुर्विष्णुः गुरुर्देवो महेश्वरः ।
गुरुः साक्षात् परब्रह्म तस्मै श्रीगुरवे नमः ॥
अवधूत चिंतन श्रीगुरुदेव दत्त ।
gururbrahmā gururviṣhṇuḥ gururdevo maheshwaraḥ |
guruḥ sākṣhāt parabrahma tasmai shreegurave namaḥ ||
avadhūta chiṁtana shreegurudeva datta |

O Guru,
Thou art Brahmā, the Creator divine,
Thou art Viṣhṇu, the Protector of this soul of mine,
Thou art Maheshwara, the Dissolver of illusion,
Thou art Parabrahma, the All-pervading One,

To Thee, O Guru, I bow in reverence,
With faith, with love, in pure surrender and silence.

✽

वसुदेवसुतं देवं कंसचाणूरमर्दनम् ।
देवकीपरमानन्दं कृष्णं वन्दे जगद्गुरुम् ॥
vasudevsutaṁ devaṁ kaṁsachāṇūramardanam |
devakīparamānandaṁ kriṣhṇaṁ vande jagadgurum ||

✽

भगवान श्रीराधावर श्रीकृष्णचंद्र महाराज की जय ।
भक्तवत्सल भक्ताभिमानी सद्गुरु योगिराज श्रीमामा महाराज की जय ।
भक्तवत्सल भक्ताभिमानी सद्गुरु मातुःश्री आई महाराज की जय ॥
अवधूत चिंतन श्रीगुरुदेव दत्त ॥
bhagawāna shreerādhāvar shreekriṣhṇachaṅdra mahārāĵ kī jaya |
bhaktavatsala bhaktābhimānī sadguru yogirāj shreemāmā mahārāĵ kī jaya |
bhaktavatsala bhaktābhimānī sadguru mātuḥshree āie mahārāĵ kī jaya ||
avadhūta chiṅtana shreegurudeva datta ||

✽✽✽

Table of Contents

My Bhagawad Geetā

A Journey Through Writing, Reflection, and Devotion

अथ चित्तं समाधातुं न शक्नोषि मयि स्थिरम् ।
अभ्यासयोगेन ततो मामिच्छाप्तुं धनञ्जय ।। भ.गी.१२.९ ।।

atha chittaṁ samādhātuṁ na shaknoṣhi mayi sthiram |
abhyāsayogena tato māmichchhāptuṁ dhanañjaya || B.G.12.9 ||

"If you are unable to fix your mind steadily on Me, then seek to reach Me by constant practice of devotion, O Dhanañjay." || B.G.12.9 ||

Lord ShreeKriṣhṇa gently reminds us that perfection is not demanded—practice is. We have made a humble attempt to align this teaching with the purpose of this book: each day of writing and reflection is an act of devotion, a small but steady step toward divine connection.

The Shreemad Bhagawad Geetā is more than a scripture; it is a living dialog between the Divine and our soul. Spoken on the battlefield of Kurukṣhetra, its words illuminate the battlefield within each of us—the struggle between duty and doubt, action and inaction, clarity and confusion. For thousands of years, seekers have turned to the Geetā for guidance, strength, and peace.

The ShreeMeera Foundation (SMF) presents these Tracing Books as a gentle yet powerful way to bring this wisdom into daily life. Each page is designed to slow us down, to invite mindfulness, and to awaken the sacred rhythm of learning through writing. By tracing every verse—whether in Devanāgarī or English Roman script—we participate in a spiritual act that joins hand, mind, and heart.

Writing sacred words has always been regarded as a form of sādhanā—a disciplined spiritual practice. When the hand moves with intention, the mind grows still, and the heart absorbs the meaning beyond the letters. In this quiet merging of movement and awareness, knowledge becomes realization. What we write again and again is not just text—it becomes thought, habit, and ultimately, nature.

The Bridge Between Understanding and Realization

In today's hurried world, the greatest challenge for any seeker is not the lack of wisdom but the absence of consistency. We often wait for inspiration or motivation to begin, but the Geetā teaches a subtler truth: transformation unfolds through steady effort, not through fleeting enthusiasm.

ShreeKriṣhṇa's words to Arjun—*abhyāsena tu kaunteya vairāgyeṇa cha gruhyate (B.G.6.35)*—remind us that the restless mind can be trained only through practice and detachment. Abhyāsa—repeated, regular effort—is the bridge between understanding and realization.

This tracing book embodies that principle. It encourages us to dedicate a few minutes every day to the divine dialogue. As we trace, we read; as we read, we reflect; and as we reflect, we begin to live the message. These daily moments, though small, accumulate into profound inner change.

The Power of Small, Consistent Acts

In the spiritual path, grand gestures are less important than quiet perseverance. A lamp does not stay lit through one burst of oil but through a steady flame. Likewise, progress in spirituality comes not from rare intensity but from daily constancy.

Every traced verse is a step—a reminder that the journey to self-realization is not a sprint but a lifelong pilgrimage of awareness. Each day that we sit with this book, we affirm our commitment to growth, humility, and devotion.

Small, consistent acts performed every day are the most efficient way of making progress. Consistency beats motivation.

This simple truth lies at the heart of all sādhanā. When devotion becomes a habit, discipline transforms into joy. Even a single verse traced with sincerity becomes an offering of service (sevā), a quiet dialog between our soul and the Divine.

Service as a Way of Life

In the Bhagawad Geetā, ShreeKriṣhṇa reveals that all actions, when performed selflessly and offered to the Divine, become acts of worship. This book invites us to see the tracing of each verse not as mere study, but as sevā—a humble contribution to our own awakening and to the preservation of timeless wisdom. To serve is to align with the greater flow of life.

Through service, we move beyond the confines of ego and enter the spaciousness of the soul. As we write, we participate in the same lineage of devotion that has preserved the Geetā through countless generations. Our small effort continues that sacred chain.

Let every stroke of the pen remind us that service is not separate from spirituality—it is its living expression. Writing with attention, humility, and gratitude becomes a silent prayer, a surrender of self into meaning.

Integrating the Teaching

The goal of tracing the Geetā is not perfection of handwriting, but the refinement of inner awareness. Each line we trace mirrors the truth that mastery is built through repetition; clarity through reflection; peace through surrender.

The verses of the Geetā address every aspect of human life—duty, love, fear, knowledge, action, and renunciation. By engaging with them daily, we gradually harmonize these aspects within ourselves. Over time, the boundaries between study, prayer, and life begin to dissolve. The Geetā ceases to be a book—it becomes our inner voice.

Making it count

Many of us begin with enthusiasm and later lose rhythm. This tracing book is meant to be a steady companion through such fluctuations. Its pages ask only a few minutes each day—just enough to realign with purpose, to anchor the mind, and to rekindle devotion.

If we miss a day, let us begin again. If the mind wanders, let us realign. The value lies not in perfection but in persistence. In this way, the practice itself becomes a reflection of life's greater truth: that each moment is a chance to begin anew.

An Offering of Love and Humility

This work is offered with love and reverence to all who wish to walk the path of inner transformation. With the grace and power of Lord ShreeKriṣhṇa, may every reader, student, and sādhak who touches these pages rediscover the joy of slow learning, the power of consistency, and the peace that comes from selfless service.

Through His infinite spiritual empathy, may our tracing of these verses awaken clarity, devotion, and strength. May it bring light to our thoughts, purity to our actions, and serenity to our hearts.

And may the wisdom of the Shreemad Bhagawad Geetā guide us gently—one line, one verse, one page, one day at a time—toward the realization of our own divine nature.

**In the spirit of the Geetā, let every small act become sacred.
Write with love. Reflect with faith. Serve with constancy.
For it is not in greatness, but in consistency, that the soul finds liberation.**

Consistency Tracker

The Consistency Tracker, included in this book, is designed to help us cultivate regularity in our spiritual practice. Each box in the grid represents a single day of the year—twelve columns for the months and thirty-one rows for the days.

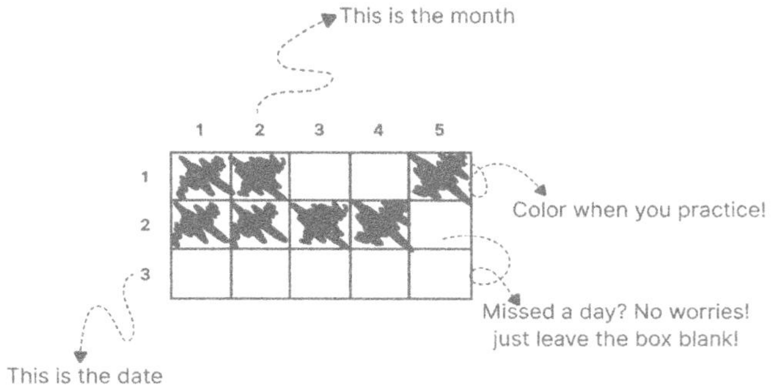

Every time we trace or write from this book, we mark or color one box for that day. Over time, we will begin to see our own pattern of discipline and devotion emerge—a visual reflection of your journey.

Missed days are not failures—they are reminders. The tracker helps us recognize where life interrupted our rhythm and gently encourages us to return to our practice. We can use these reflections to make up for lost time and strengthen our resolve.

Progress on the spiritual path is not measured by speed, but by consistency. Each mark on this grid is a small act of service, a step forward in awareness, and a symbol of our commitment to walk this path every day—with sincerity, patience, and love.

Tracker

	1	2	3	4	5	6	7	8	9	10	11	12
1												
2												
3												
4												
5												
6												
7												
8												
9												
10												
11												
12												
13												
14												
15												
16												
17												
18												
19												
20												
21												
22												
23												
24												
25												
26												
27												
28												
29												
30												
31												

Adhyāy 12

Bhaktiyogaḥ

Date: M T W T F S S

ॐ श्रीगणेशाय नमः ।

ॐ श्रीसरस्वत्यै नमः ।

ॐ श्रीगुरुभ्यो नमः । हरिः ॐ ।

वसुदेवसुतं देवं कंसचाणूरमर्दनम् ।

देवकीपरमानन्दं कृष्णं वन्दे जगद्गुरुम् ॥

ॐ भगवते

श्रीराधावरश्रीकृष्णचंद्रपरमात्मने नमः ।

ॐ श्रीमद्भगवद्गीता ।

अथ द्वादशोऽध्यायः ।

भक्तियोगः

अर्जुन उवाच -

एवं सततयुक्ता ये

भक्तास्त्वां पर्युपासते ।

ये चाप्यक्षरमव्यक्तं

तेषां के योगवित्तमाः ॥ १ ॥

श्रीभगवानुवाच -

मय्यावेश्य मनो ये मां

नित्ययुक्ता उपासते ।

श्रद्धया परयोपेताः

ते मे युक्ततमा मताः ॥ २ ॥

ये त्वक्षरमनिर्देश्यम्

अव्यक्तं पर्युपासते ।

सर्वत्रगमचिन्त्यं च

कूटस्थमचलं ध्रुवम् ॥ ३ ॥

सन्नियम्येन्द्रियग्रामं

सर्वत्र समबुद्धयः ।

ते प्राप्नुवन्ति मामेव

सर्वभूतहिते रताः ॥ ४ ॥

क्लेशोऽधिकतरस्तेषाम्

अव्यक्तासक्तचेतसाम् ।

अव्यक्ता हि गतिर्दुःखं

देहवद्भिरवाप्यते ॥ ५ ॥

ये तु सर्वाणि कर्माणि

मयि संन्यस्य मत्पराः ।

अनन्येनैव योगेन

मां ध्यायन्त उपासते ॥ ६ ॥

तेषामहं समुद्धर्ता

मृत्युसंसारसागरात् ।

भवामि नचिरात्पार्थ

मय्यावेशितचेतसाम् ॥ ७ ॥

मय्येव मन आधत्स्व

मयि बुद्धिं निवेशय ।

निवसिष्यसि मय्येव

अत ऊर्ध्वं न संशयः ॥ ८ ॥

अथ चित्तं समाधातुं

न शक्नोषि मयि स्थिरम् ।

अभ्यासयोगेन ततो

मामिच्छाप्तुं धनञ्जय ॥ ९ ॥

अभ्यासेऽप्यसमर्थोऽसि

मत्कर्मपरमो भव ।

मदर्थमपि कर्माणि

कुर्वन्सिद्धिमवाप्स्यसि ॥ १० ॥

अथैतदप्यशक्तोऽसि

कर्तुं मद्योगमाश्रितः ।

सर्वकर्मफलत्यागं

ततः कुरु यतात्मवान् ॥ ११ ॥

श्रेयो हि ज्ञानमभ्यासाज्

ज्ञानाद्ध्यानं विशिष्यते।

ध्यानात्कर्मफलत्यागः

त्यागाच्छान्तिरनन्तरम् ॥ १२ ॥

अद्वेष्टा सर्वभूतानां

मैत्रः करुण एव च ।

निर्ममो निरहङ्कारः

समदुःखसुखः क्षमी ॥ १३ ॥

सन्तुष्टः सततं योगी

यतात्मा दृढनिश्चयः।

मय्यर्पितमनोबुद्धिः

यो मद्भक्तः स मे प्रियः ॥ १४ ॥

यस्मान्नोद्विजते लोको

लोकान्नोद्विजते च यः ।

हर्षामर्षभयोद्वेगैः

मुक्तो यः स च मे प्रियः ॥ १५ ॥

अनपेक्षः शुचिर्दक्ष

उदासीनो गतव्यथः ।

सर्वारम्भपरित्यागी

यो मद्भक्तः स मे प्रियः ॥ १६ ॥

यो न हृष्यति न द्वेष्टि

न शोचति न काङ्क्षति ।

शुभाशुभपरित्यागी

भक्तिमान्यः स मे प्रियः ॥ १७ ॥

समः शत्रौ च मित्रे च

तथा मानापमानयोः ।

शीतोष्णसुखदुःखेषु

समः सङ्गविवर्जितः ॥ १८ ॥

तुल्यनिन्दास्तुतिर्मौनी

सन्तुष्टो येन केनचित् ।

अनिकेतः स्थिरमतिः

भक्तिमान्मे प्रियो नरः ॥ १९ ॥

ये तु धर्म्यामृतमिदं

यथोक्तं पर्युपासते ।

श्रद्दधाना मत्परमा

भक्तास्तेऽतीव मे प्रियाः ॥ २० ॥

ॐ तत्सदिति श्रीमद्भगवद्गीतासूपनिषत्सु

ब्रह्मविद्यायां योगशास्त्रे

श्रीकृष्णार्जुनसंवादे

भक्तियोगो नाम द्वादशोऽध्यायः ॥

ॐ हरये नमः । ॐ हरये नमः ।

ॐ हरये नमः ।

ॐ शान्तिः । ॐ शान्तिः । ॐ शान्तिः ।

Date:

M T W T F S S

हरिः ॐ ॥ श्रीकृष्णार्पणमस्तु ॥

Adhyāy 13

Kṣhetrakṣhetrajñayogaḥ

Date: M T W T F S S

Date: M T W T F S S

ॐ श्रीमद्भगवद्गीता ।

अथ त्रयोदशोऽध्यायः ।

क्षेत्रक्षेत्रज्ञयोगः

श्रीभगवानुवाच -

इदं शरीरं कौन्तेय

क्षेत्रमित्यभिधीयते ।

एतद्यो वेत्ति तं प्राहुः

क्षेत्रज्ञ इति तद्विदः ॥ १ ॥

क्षेत्रज्ञं चापि मां विद्धि

सर्वक्षेत्रेषु भारत ।

क्षेत्रक्षेत्रज्ञयोर्ज्ञानं

यत्तज्ज्ञानं मतं मम ॥ २ ॥

तत्क्षेत्रं यच्च यादृक् च

यद्विकारि यतश्च यत् ।

स च यो यत्प्रभावश्च

तत्समासेन मे शृणु ॥ ३ ॥

ऋषिभिर्बहुधा गीतं

छन्दोभिर्विविधैः पृथक् ।

ब्रह्मसूत्रपदैश्चैव

हेतुमद्भिर्विनिश्चितैः ॥ ४ ॥

महाभूतान्यहङ्कारो

बुद्धिरव्यक्तमेव च ।

इन्द्रियाणि दशैकं च

पञ्च चेन्द्रियगोचराः ॥ ५ ॥

इच्छा द्वेषः सुखं दुःखं

सङ्घातश्चेतना धृतिः ।

एतत्क्षेत्रं समासेन

सविकारमुदाहृतम् ॥ ६ ॥

अमानित्वमदम्भित्वम्

अहिंसा क्षान्तिरार्जवम् ।

आचार्योपासनं शौचं

स्थैर्यमात्मविनिग्रहः ॥ ७ ॥

इन्द्रियार्थेषु वैराग्यम्

Date: M T W T F S S

अनहङ्कार एव च ।

जन्ममृत्युजराव्याधि

दुःखदोषानुदर्शनम् ॥ ८ ॥

असक्तिरनभिष्वङ्गः

पुत्रदारगृहादिषु ।

नित्यं च समचित्तत्वम्

इष्टानिष्टोपपत्तिषु ॥ ९ ॥

मयि चानन्ययोगेन

भक्तिरव्यभिचारिणी ।

विविक्तदेशसेवित्वम्

अरतिर्जनसंसदि ॥ १० ॥

अध्यात्मज्ञाननित्यत्वं

तत्त्वज्ञानार्थदर्शनम् ।

एतज्ज्ञानमिति प्रोक्तम्

अज्ञानं यदतोऽन्यथा ॥ ११ ॥

ज्ञेयं यत्तत्प्रवक्ष्यामि

यज्ज्ञात्वामृतमश्नुते ।

अनादिमत्परं ब्रह्म

न सत्तन्नासदुच्यते ॥ १२ ॥

सर्वतःपाणिपादं तत्

सर्वतोऽक्षिशिरोमुखम् ।

सर्वतःश्रुतिमल्लोके

सर्वमावृत्य तिष्ठति ॥ १३ ॥

सर्वेन्द्रियगुणाभासं

सर्वेन्द्रियविवर्जितम् ।

असक्तं सर्वभृच्चैव

निर्गुणं गुणभोक्तृ च ॥ १४ ॥

बहिरन्तश्च भूतानाम्

अचरं चरमेव च ।

सूक्ष्मत्वात्तदविज्ञेयं

दूरस्थं चान्तिके च तत् ॥ १५ ॥

अविभक्तं च भूतेषु

विभक्तमिव च स्थितम् ।

भूतभर्तृ च तज्ज्ञेयं

ग्रसिष्णु प्रभविष्णु च ॥ १६ ॥

ज्योतिषामपि तज्ज्योतिः

तमसः परमुच्यते ।

ज्ञानं ज्ञेयं ज्ञानगम्यं

हृदि सर्वस्य विष्ठितम् ॥ १७ ॥

इति क्षेत्रं तथा ज्ञानं

ज्ञेयं चोक्तं समासतः ।

मद्भक्त एतद्विज्ञाय

मद्भावायोपपद्यते ॥ १८ ॥

प्रकृतिं पुरुषं चैव

विद्ध्यनादी उभावपि ।

विकारांश्च गुणांश्चैव

विद्धि प्रकृतिसम्भवान् ॥ १९ ॥

कार्यकरणकर्तृत्वे

हेतुः प्रकृतिरुच्यते ।

पुरुषः सुखदुःखानां

भोक्तृत्वे हेतुरुच्यते ॥ २० ॥

पुरुषः प्रकृतिस्थो हि

भुङ्क्ते प्रकृतिजान्गुणान् ।

कारणं गुणसङ्गोऽस्य

सदसद्योनिजन्मसु ॥ २१ ॥

उपद्रष्टानुमन्ता च

भर्ता भोक्ता महेश्वरः ।

परमात्मेति चाप्युक्तो

देहेऽस्मिन्पुरुषः परः ॥ २२ ॥

य एवं वेत्ति पुरुषं

प्रकृतिं च गुणैः सह ।

सर्वथा वर्तमानोऽपि

न स भूयोऽभिजायते ॥ २३ ॥

ध्यानेनात्मनि पश्यन्ति

केचिदात्मानमात्मना ।

अन्ये साङ्ख्येन योगेन

कर्मयोगेन चापरे ॥ २४ ॥

अन्ये त्वेवमजानन्तः

श्रुत्वान्येभ्य उपासते ।

तेऽपि चातितरन्त्येव

मृत्युं श्रुतिपरायणाः ॥ २५ ॥

यावत्सञ्जायते किञ्चित्

सत्त्वं स्थावरजङ्गमम् ।

क्षेत्रक्षेत्रज्ञसंयोगात्

तद्विद्धि भरतर्षभ ॥ २६ ॥

समं सर्वेषु भूतेषु

तिष्ठन्तं परमेश्वरम् ।

विनश्यत्स्वविनश्यन्तं

यः पश्यति स पश्यति ॥ २७ ॥

समं पश्यन्हि सर्वत्र

समवस्थितमीश्वरम् ।

न हिनस्त्यात्मनात्मानं

ततो याति परां गतिम् ॥ २८ ॥

प्रकृत्यैव च कर्माणि

क्रियमाणानि सर्वशः ।

यः पश्यति तथात्मानम्

अकर्तारं स पश्यति ॥ २९ ॥

यदा भूतपृथग्भावम्

एकस्थमनुपश्यति ।

तत एव च विस्तारं

ब्रह्म सम्पद्यते तदा ॥ ३० ॥

अनादित्वान्निर्गुणत्वात्

परमात्मायमव्ययः ।

शरीरस्थोऽपि कौन्तेय

न करोति न लिप्यते ॥ ३१ ॥

यथा सर्वगतं सौक्ष्म्याद्

आकाशं नोपलिप्यते ।

सर्वत्रावस्थितो देहे

तथात्मा नोपलिप्यते ॥ ३२ ॥

यथा प्रकाशयत्येकः

कृत्स्नं लोकमिमं रविः ।

क्षेत्रं क्षेत्री तथा कृत्स्नं

प्रकाशयति भारत ॥ ३३ ॥

क्षेत्रक्षेत्रज्ञयोरेवम्

अन्तरं ज्ञानचक्षुषा ।

भूतप्रकृतिमोक्षं च

ये विदुर्यान्ति ते परम् ॥ ३४ ॥

ॐ तत्सदिति श्रीमद्भगवद्गीतासूपनिषत्सु

ब्रह्मविद्यायां योगशास्त्रे

श्रीकृष्णार्जुनसंवादे

Date: M T W T F S S

क्षेत्रक्षेत्रज्ञयोगो नाम त्रयोदशोऽध्यायः ॥

ॐ हरये नमः । ॐ हरये नमः ।

ॐ हरये नमः ।

ॐ शान्तिः । ॐ शान्तिः । ॐ शान्तिः ।

हरिः ॐ ॥ श्रीकृष्णार्पणमस्तु ॥

Adhyāy 14

Guṇatrayavibhāgayogaḥ

Date: M T W T F S S

ॐ श्रीमद्भगवद्गीता ।

अथ चतुर्दशोऽध्यायः ।

गुणत्रयविभागयोगः

श्रीभगवानुवाच –

परं भूयः प्रवक्ष्यामि

ज्ञानानां ज्ञानमुत्तमम् ।

यज्ज्ञात्वा मुनयः सर्वे

परां सिद्धिमितो गताः ॥ १ ॥

इदं ज्ञानमुपाश्रित्य

मम साधर्म्यमागताः ।

सर्गेऽपि नोपजायन्ते

प्रलये न व्यथन्ति च ॥ २ ॥

मम योनिर्महद्ब्रह्म

तस्मिन्गर्भं दधाम्यहम् ।

सम्भवः सर्वभूतानां

ततो भवति भारत ॥ ३ ॥

सर्वयोनिषु कौन्तेय

मूर्तयः सम्भवन्ति याः ।

तासां ब्रह्म महद्योनिः

अहं बीजप्रदः पिता ॥ ४ ॥

सत्त्वं रजस्तम इति

गुणाः प्रकृतिसम्भवाः ।

निबध्नन्ति महाबाहो

देहे देहिनमव्ययम् ॥ ५ ॥

तत्र सत्त्वं निर्मलत्वात्

प्रकाशकमनामयम् ।

सुखसङ्गेन बध्नाति

ज्ञानसङ्गेन चानघ ॥ ६ ॥

रजो रागात्मकं विद्धि

तृष्णासङ्गसमुद्भवम् ।

तन्निबध्नाति कौन्तेय

कर्मसङ्गेन देहिनम् ॥ ७ ॥

तमस्त्वज्ञानजं विद्धि

मोहनं सर्वदेहिनाम् ।

प्रमादालस्यनिद्राभिः

तन्निबध्नाति भारत ॥ ८ ॥

सत्त्वं सुखे सञ्जयति

रजः कर्मणि भारत ।

ज्ञानमावृत्य तु तमः

प्रमादे सञ्जयत्युत ॥ ९ ॥

रजस्तमश्चाभिभूय

सत्त्वं भवति भारत ।

रजः सत्त्वं तमश्चैव

तमः सत्त्वं रजस्तथा ॥ १० ॥

सर्वद्वारेषु देहेऽस्मिन्

प्रकाश उपजायते ।

ज्ञानं यदा तदा विद्याद्

विवृद्धं सत्त्वमित्युत ॥ ११ ॥

लोभः प्रवृत्तिरारम्भः

कर्मणामशमः स्पृहा ।

रजस्येतानि जायन्ते

विवृद्धे भरतर्षभ ॥ १२ ॥

अप्रकाशोऽप्रवृत्तिश्च

प्रमादो मोह एव च ।

तमस्येतानि जायन्ते

विवृद्धे कुरुनन्दन ॥ १३ ॥

यदा सत्त्वे प्रवृद्धे तु

प्रलयं याति देहभृत् ।

तदोत्तमविदां लोकान्

अमलान्प्रतिपद्यते ॥ १४ ॥

रजसि प्रलयं गत्वा

कर्मसङ्गिषु जायते ।

तथा प्रलीनस्तमसि

मूढयोनिषु जायते ॥ १५ ॥

कर्मणः सुकृतस्याहुः

सात्त्विकं निर्मलं फलम् ।

रजसस्तु फलं दुःखम्

अज्ञानं तमसः फलम् ॥ १६ ॥

सत्त्वात्सञ्जायते ज्ञानं

रजसो लोभ एव च ।

प्रमादमोहौ तमसो

भवतोऽज्ञानमेव च ॥ १७ ॥

ऊर्ध्वं गच्छन्ति सत्त्वस्था

मध्ये तिष्ठन्ति राजसाः ।

जघन्यगुणवृत्तिस्था

अधो गच्छन्ति तामसाः ॥ १८ ॥

नान्यं गुणेभ्यः कर्तारं

यदा द्रष्टानुपश्यति ।

गुणेभ्यश्च परं वेत्ति

मद्भावं सोऽधिगच्छति ॥ १९ ॥

गुणानेतानतीत्य त्रीन्

देही देहसमुद्भवान् ।

जन्ममृत्युजरादुःखैः

विमुक्तोऽमृतमश्नुते ॥ २० ॥

अर्जुन उवाच –

कैर्लिंगैस्त्रीन्गुणानेतान्

अतीतो भवति प्रभो ।

किमाचारः कथं चैतांस्

त्रीन् गुणानतिवर्तते ॥ २१ ॥

श्रीभगवानुवाच –

प्रकाशं च प्रवृत्तिं च

मोहमेव च पाण्डव ।

न द्वेष्टि सम्प्रवृत्तानि

न निवृत्तानि काङ्क्षति ॥ २२ ॥

उदासीनवदासीनो

गुणैर्यो न विचाल्यते ।

गुणा वर्तन्त इत्येव

योऽवतिष्ठति नेङ्गते ॥ २३ ॥

समदुःखसुखः स्वस्थः

समलोष्टाश्मकाञ्चनः ।

तुल्यप्रियाप्रियो धीरः

तुल्यनिन्दात्मसंस्तुतिः ॥ २४ ॥

मानापमानयोस्तुल्यः

तुल्यो मित्रारिपक्षयोः ।

सर्वारम्भपरित्यागी

गुणातीतः स उच्यते ॥ २५ ॥

मां च योऽव्यभिचारेण

भक्तियोगेन सेवते ।

स गुणान्समतीत्यैतान्

ब्रह्मभूयाय कल्पते ॥ २६ ॥

ब्रह्मणो हि प्रतिष्ठाहम्

अमृतस्याव्ययस्य च ।

शाश्वतस्य च धर्मस्य

सुखस्यैकान्तिकस्य च ॥ २७ ॥

ॐ तत्सदिति श्रीमद्भगवद्गीतासूपनिषत्सु

ब्रह्मविद्यायां योगशास्त्रे

श्रीकृष्णार्जुनसंवादे

गुणत्रयविभागयोगो नाम चतुर्दशोऽध्यायः ॥

ॐ हरये नमः । ॐ हरये नमः ।

ॐ हरये नमः ।

ॐ शान्तिः । ॐ शान्तिः । ॐ शान्तिः ।

Date: M T W T F S S

हरिः ॐ ॥ श्रीकृष्णार्पणमस्तु ॥

Adhyāy 15

Purushottamayogah

Date: M T W T F S S

ॐ श्रीमद्भगवद्गीता ।

अथ पञ्चदशोऽध्यायः ।

पुरुषोत्तमयोगः

श्रीभगवानुवाच -

ऊर्ध्वमूलमधःशाखम्

अश्वत्थं प्राहुरव्ययम् ।

छन्दांसि यस्य पर्णानि

यस्तं वेद स वेदवित् ॥ १ ॥

अधश्चोर्ध्वं प्रसृतास्तस्य शाखा

गुणप्रवृद्धा विषयप्रवालाः ।

अधश्च मूलान्यनुसन्ततानि

कर्मानुबन्धीनि मनुष्यलोके ॥ २ ॥

न रूपमस्येह तथोपलभ्यते

नान्तो न चादिर्न च संप्रतिष्ठा ।

अश्वत्थमेनं सुविरूढमूलम्

असङ्गशस्त्रेण दृढेन छित्त्वा ॥ ३ ॥

ततः पदं तत्परिमार्गितव्यं

यस्मिन्गता न निवर्तन्ति भूयः ।

तमेव चाद्यं पुरुषं प्रपद्ये

यतः प्रवृत्तिः प्रसृता पुराणी ॥ ४ ॥

निर्मानमोहा जितसङ्गदोषा

अध्यात्मनित्या विनिवृत्तकामाः ।

द्वन्द्वैर्विमुक्ताः सुखदुःखसञ्ज्ञैः

गच्छन्त्यमूढाः पदमव्ययं तत् ॥ ५ ॥

न तद्भासयते सूर्यो

न शशाङ्को न पावकः ।

यद्गत्वा न निवर्तन्ते

तद्धाम परमं मम ॥ ६ ॥

ममैवांशो जीवलोके

जीवभूतः सनातनः ।

मनः षष्ठानीन्द्रियाणि

प्रकृतिस्थानि कर्षति ॥ ७ ॥

शरीरं यदवाप्नोति

यच्चाप्युत्क्रामतीश्वरः ।

गृहीत्वैतानि संयाति

वायुर्गन्धानिवाशयात् ॥ ८ ॥

श्रोत्रं चक्षुः स्पर्शनं च

रसनं घ्राणमेव च ।

अधिष्ठाय मनश्चायं

विषयानुपसेवते ॥ ९ ॥

उत्क्रामन्तं स्थितं वापि

भुञ्जानं वा गुणान्वितम् ।

विमूढा नानुपश्यन्ति

पश्यन्ति ज्ञानचक्षुषः ॥ १० ॥

यतन्तो योगिनश्चैनं

पश्यन्त्यात्मन्यवस्थितम् ।

यतन्तोऽप्यकृतात्मानो

नैनं पश्यन्त्यचेतसः ॥ ११ ॥

यदादित्यगतं तेजो

जगद्भासयतेऽखिलम् ।

यच्चन्द्रमसि यच्चाग्नौ

तत्तेजो विद्धि मामकम् ॥ १२ ॥

गामाविश्य च भूतानि

धारयाम्यहमोजसा ।

पुष्णामि चौषधीः सर्वाः

सोमो भूत्वा रसात्मकः ॥ १३ ॥

अहं वैश्वानरो भूत्वा

प्राणिनां देहमाश्रितः ।

प्राणापानसमायुक्तः

पचाम्यन्नं चतुर्विधम् ॥ १४ ॥

सर्वस्य चाहं हृदि सन्निविष्टो

मत्तः स्मृतिर्ज्ञानमपोहनं च ।

वेदैश्च सर्वैरहमेव वेद्यो

वेदान्तकृद्वेदविदेव चाहम् ॥ १५ ॥

द्वाविमौ पुरुषौ लोके

क्षरश्चाक्षर एव च ।

क्षरः सर्वाणि भूतानि

कूटस्थोऽक्षर उच्यते ॥ १६ ॥

उत्तमः पुरुषस्त्वन्यः

परमात्मेत्युदाहृतः ।

यो लोकत्रयमाविश्य

बिभर्त्यव्यय ईश्वरः ॥ १७ ॥

यस्मात्क्षरमतीतोऽहम्

अक्षरादपि चोत्तमः ।

अतोऽस्मि लोके वेदे च

प्रथितः पुरुषोत्तमः ॥ १८ ॥

यो मामेवमसम्मूढो

जानाति पुरुषोत्तमम् ।

स सर्वविद्भजति मां

सर्वभावेन भारत ॥ १९ ॥

इति गुह्यतमं शास्त्रम्

इदमुक्तं मयानघ ।

एतद्बुद्ध्वा बुद्धिमान्स्यात्

कृतकृत्यश्च भारत ॥ २० ॥

ॐ तत्सदिति श्रीमद्भगवद्गीतासूपनिषत्सु

ब्रह्मविद्यायां योगशास्त्रे

श्रीकृष्णार्जुनसंवादे

पुरुषोत्तमयोगो नाम पञ्चदशोऽध्यायः ॥

ॐ हरये नमः । ॐ हरये नमः ।

ॐ हरये नमः ।

ॐ शान्तिः । ॐ शान्तिः । ॐ शान्तिः ।

हरिः ॐ ॥ श्रीकृष्णार्पणमस्तु ॥

Date: M T W T F S S

Adhyāy 16

Daivāsurasampadavibhāgayogaḥ

Date: M T W T F S S

Date: M T W T F S S

ॐ श्रीमद्भगवद्गीता

अथ षोडशोऽध्यायः ।

दैवासुरसंपद्विभागयोगः

श्रीभगवानुवाच -

अभयं सत्त्वसंशुद्धिः

ज्ञानयोगव्यवस्थितिः ।

दानं दमश्च यज्ञश्च

स्वाध्यायस्तप आर्जवम् ॥ १ ॥

अहिंसा सत्यमक्रोधः

त्यागः शान्तिरपैशुनम् ।

दया भूतेष्वलोलुप्त्वं

मार्दवं ह्रीरचापलम् ॥ २ ॥

तेजः क्षमा धृतिः शौचम्

अद्रोहो नातिमानिता ।

भवन्ति सम्पदं दैवीम्

अभिजातस्य भारत ॥ ३ ॥

दम्भो दर्पोऽभिमानश्च

क्रोधः पारुष्यमेव च ।

अज्ञानं चाभिजातस्य

पार्थ सम्पदमासुरीम् ॥ ४ ॥

दैवी सम्पद्विमोक्षाय

निबन्धायासुरी मता ।

मा शुचः सम्पदं दैवीम्

अभिजातोऽसि पाण्डव ॥ ५ ॥

द्वौ भूतसर्गौ लोकेऽस्मिन्

दैव आसुर एव च ।

दैवो विस्तरशः प्रोक्त

आसुरं पार्थ मे शृणु ॥ ६ ॥

प्रवृत्तिं च निवृत्तिं च

जना न विदुरासुराः ।

न शौचं नापि चाचारो

न सत्यं तेषु विद्यते ॥ ७ ॥

असत्यमप्रतिष्ठं ते

जगदाहुरनीश्वरम् ।

अपरस्परसम्भूतं

किमन्यत्कामहैतुकम् ॥ ८ ॥

एतां दृष्टिमवष्टभ्य

नष्टात्मानोऽल्पबुद्धयः ।

प्रभवन्त्युग्रकर्माणः

क्षयाय जगतोऽहिताः ॥ ९ ॥

काममाश्रित्य दुष्पूरं

दम्भमानमदान्विताः ।

मोहाद्गृहीत्वासद्ग्राहान्

प्रवर्तन्तेऽशुचिव्रताः ॥ १० ॥

चिन्तामपरिमेयां च

प्रलयान्तामुपाश्रिताः ।

कामोपभोगपरमा

एतावदिति निश्चिताः ॥ ११ ॥

आशापाशशतैर्बद्धाः

कामक्रोधपरायणाः ।

ईहन्ते कामभोगार्थम्

अन्यायेनार्थसञ्चयान् ॥ १२ ॥

इदमद्य मया लब्धम्

इमं प्राप्स्ये मनोरथम् ।

इदमस्तीदमपि मे

भविष्यति पुनर्धनम् ॥ १३ ॥

असौ मया हतः शत्रुः

हनिष्ये चापरानपि ।

ईश्वरोऽहमहं भोगी

सिद्धोऽहं बलवान्सुखी ॥ १४ ॥

आढ्योऽभिजनवानस्मि

कोऽन्योऽस्ति सदृशो मया ।

यक्ष्ये दास्यामि मोदिष्य

इत्यज्ञानविमोहिताः ॥ १५ ॥

अनेकचित्तविभ्रान्ता

मोहजालसमावृताः ।

प्रसक्ताः कामभोगेषु

पतन्ति नरकेऽशुचौ ॥ १६ ॥

आत्मसम्भाविताः स्तब्धा

धनमानमदान्विताः ।

यजन्ते नामयज्ञैस्ते

दम्भेनाविधिपूर्वकम् ॥ १७ ॥

अहङ्कारं बलं दर्पं

कामं क्रोधं च संश्रिताः ।

मामात्मपरदेहेषु

प्रद्विषन्तोऽभ्यसूयकाः ॥ १८ ॥

तानहं द्विषतः क्रूरान्

संसारेषु नराधमान् ।

क्षिपाम्यजस्रमशुभान्

आसुरीष्वेव योनिषु ॥ १९ ॥

आसुरीं योनिमापन्ना

मूढा जन्मनि जन्मनि ।

मामप्राप्यैव कौन्तेय

ततो यान्त्यधमां गतिम् ॥ २० ॥

त्रिविधं नरकस्येदं

द्वारं नाशनमात्मनः ।

कामः क्रोधस्तथा लोभः

तस्मादेतत्त्रयं त्यजेत् ॥ २१ ॥

एतैर्विमुक्तः कौन्तेय

तमोद्वारैस्त्रिभिर्नरः ।

आचरत्यात्मनः श्रेयः

ततो याति परां गतिम् ॥ २२ ॥

यः शास्त्रविधिमुत्सृज्य

वर्तते कामकारतः ।

न स सिद्धिमवाप्नोति

न सुखं न परां गतिम् ॥ २३ ॥

तस्माच्छास्त्रं प्रमाणं ते

कार्याकार्यव्यवस्थितौ ।

ज्ञात्वा शास्त्रविधानोक्तं

कर्म कर्तुमिहार्हसि ॥ २४ ॥

ॐ तत्सदिति श्रीमद्भगवद्गीतासूपनिषत्सु

ब्रह्मविद्यायां योगशास्त्रे

श्रीकृष्णार्जुनसंवादे

दैवासुरसंपदविभागयोगो नाम षोडशोऽध्यायः ॥

ॐ हरये नमः । ॐ हरये नमः ।

ॐ हरये नमः ।

ॐ शान्तिः । ॐ शान्तिः । ॐ शान्तिः ।

हरिः ॐ ॥ श्रीकृष्णार्पणमस्तु ॥

Adhyāy 17

Shraddhātrayavibhāgayogaḥ

Date: M T W T F S S

ॐ श्रीमद्भगवद्गीता ।

अथ सप्तदशोऽध्यायः ।

श्रद्धात्रयविभागयोगः

अर्जुन उवाच -

ये शास्त्रविधिमुत्सृज्य

यजन्ते श्रद्धयान्विताः ।

तेषां निष्ठा तु का कृष्ण

सत्त्वमाहो रजस्तमः ॥ १ ॥

श्रीभगवानुवाच -

त्रिविधा भवति श्रद्धा

देहिनां सा स्वभावजा ।

सात्त्विकी राजसी चैव

तामसी चेति तां शृणु ॥ २ ॥

सत्त्वानुरूपा सर्वस्य

श्रद्धा भवति भारत ।

श्रद्धामयोऽयं पुरुषो

यो यच्छ्रद्धः स एव सः ॥ ३ ॥

यजन्ते सात्त्विका देवान्

यक्षरक्षांसि राजसाः ।

प्रेतान्भूतगणांश्चान्ये

यजन्ते तामसा जनाः ॥ ४ ॥

अशास्त्रविहितं घोरं

तप्यन्ते ये तपो जनाः ।

दम्भाहङ्कारसंयुक्ताः

कामरागबलान्विताः ॥ ५ ॥

कर्शयन्तः शरीरस्थं

भूतग्राममचेतसः ।

मां चैवान्तः शरीरस्थं

तान्विद्ध्यासुरनिश्चयान् ॥ ६ ॥

आहारस्त्वपि सर्वस्य

त्रिविधो भवति प्रियः ।

यज्ञस्तपस्तथा दानं

तेषां भेदमिमं शृणु ॥ ७ ॥

आयुः सत्त्वबलारोग्य

सुखप्रीतिविवर्धनाः ।

रस्याः स्निग्धाः स्थिरा हृद्या

आहाराः सात्त्विकप्रियाः ॥ ८ ॥

कट्वम्ललवणात्युष्ण

तीक्ष्णरूक्षविदाहिनः ।

आहारा राजसस्येष्टा

दुःखशोकामयप्रदाः ॥ ९ ॥

यातयामं गतरसं

पूति पर्युषितं च यत् ।

उच्छिष्टमपि चामेध्यं

भोजनं तामसप्रियम् ॥ १० ॥

अफलाकाङ्क्षिभिर्यज्ञो

विधिदृष्टो य इज्यते ।

यष्टव्यमेवेति मनः

समाधाय स सात्त्विकः ॥ ११ ॥

अभिसन्धाय तु फलं

दम्भार्थमपि चैव यत् ।

इज्यते भरतश्रेष्ठ

तं यज्ञं विद्धि राजसम् ॥ १२ ॥

विधिहीनमसृष्टान्नं

मन्त्रहीनमदक्षिणम् ।

श्रद्धाविरहितं यज्ञं

तामसं परिचक्षते ॥ १३ ॥

देवद्विजगुरुप्राज्ञ

पूजनं शौचमार्जवम् ।

ब्रह्मचर्यमहिंसा च

शारीरं तप उच्यते ॥ १४ ॥

अनुद्वेगकरं वाक्यं

सत्यं प्रियहितं च यत् ।

स्वाध्यायाभ्यसनं चैव

वाङ्मयं तप उच्यते ॥ १५ ॥

मनःप्रसादः सौम्यत्वं

मौनमात्मविनिग्रहः ।

भावसंशुद्धिरित्येतत्

तपो मानसमुच्यते ॥ १६ ॥

श्रद्धया परया तप्तं

तपस्तत्त्रिविधं नरैः ।

अफलाकाङ्क्षिभिर्युक्तैः

सात्त्विकं परिचक्षते ॥ १७ ॥

सत्कारमानपूजार्थं

तपो दम्भेन चैव यत् ।

क्रियते तदिह प्रोक्तं

राजसं चलमध्रुवम् ॥ १८ ॥

मूढग्राहेणात्मनो यत्

पीडया क्रियते तपः ।

परस्योत्सादनार्थं वा

तत्तामसमुदाहृतम् ॥ १९ ॥

दातव्यमिति यद्दानं

दीयतेऽनुपकारिणे ।

देशे काले च पात्रे च

तद्दानं सात्त्विकं स्मृतम् ॥ २० ॥

यत्तु प्रत्युपकारार्थं

फलमुद्दिश्य वा पुनः ।

दीयते च परिक्लिष्टं

तद्दानं राजसं स्मृतम् ॥ २१ ॥

अदेशकाले यद्दानम्

अपात्रेभ्यश्च दीयते ।

असत्कृतमवज्ञातं

तत्तामसमुदाहृतम् ॥ २२ ॥

ॐ तत्सदिति निर्देशो

ब्रह्मणस्त्रिविधः स्मृतः ।

ब्राह्मणास्तेन वेदाश्च

यज्ञाश्च विहिताः पुरा ॥ २३ ॥

तस्मादोमित्युदाहृत्य

यज्ञदानतपःक्रियाः ।

प्रवर्तन्ते विधानोक्ताः

सततं ब्रह्मवादिनाम् ॥ २४ ॥

तदित्यनभिसन्धाय

फलं यज्ञतपःक्रियाः ।

दानक्रियाश्च विविधाः

क्रियन्ते मोक्षकाङ्क्षिभिः ॥ २५ ॥

सद्भावे साधुभावे च

सदित्येतत्प्रयुज्यते ।

प्रशस्ते कर्मणि तथा

सच्छब्दः पार्थ युज्यते ॥ २६ ॥

यज्ञे तपसि दाने च

स्थितिः सदिति चोच्यते ।

कर्म चैव तदर्थीयं

सदित्येवाभिधीयते ॥ २७ ॥

अश्रद्धया हुतं दत्तं

तपस्तप्तं कृतं च यत् ।

असदित्युच्यते पार्थ

न च तत्प्रेत्य नो इह ॥ २८ ॥

ॐ तत्सदिति श्रीमद्भगवद्गीतासूपनिषत्सु

ब्रह्मविद्यायां योगशास्त्रे

श्रीकृष्णार्जुनसंवादे

श्रद्धात्रयविभागयोगो नाम सप्तदशोऽध्यायः ॥

ॐ हरये नमः । ॐ हरये नमः ।

ॐ हरये नमः ।

ॐ शान्तिः । ॐ शान्तिः । ॐ शान्तिः ।

हरिः ॐ ॥ श्रीकृष्णार्पणमस्तु ॥

Adhyāy 18

Mokṣhasaṅnyāsayogaḥ

Date: M T W T F S S

ॐ श्रीमद्भगवद्गीता ।

अथाष्टादशोऽध्यायः ।

मोक्षसंन्यासयोगः

अर्जुन उवाच -

संन्यासस्य महाबाहो

तत्त्वमिच्छामि वेदितुम् ।

त्यागस्य च हृषीकेश

पृथक्केशिनिषूदन ॥ १ ॥

श्रीभगवानुवाच -

काम्यानां कर्मणां न्यासं

संन्यासं कवयो विदुः ।

सर्वकर्मफलत्यागं

प्राहुस्त्यागं विचक्षणाः ॥ २ ॥

त्याज्यं दोषवदित्येके

कर्म प्राहुर्मनीषिणः ।

यज्ञदानतपःकर्म

न त्याज्यमिति चापरे ॥ ३ ॥

निश्चयं शृणु मे तत्र

त्यागे भरतसत्तम ।

त्यागो हि पुरुषव्याघ्र

त्रिविधः सम्प्रकीर्तितः ॥ ४ ॥

यज्ञदानतपःकर्म

न त्याज्यं कार्यमेव तत् ।

यज्ञो दानं तपश्चैव

पावनानि मनीषिणाम् ॥ ५ ॥

एतान्यपि तु कर्माणि

सङ्गं त्यक्त्वा फलानि च ।

कर्तव्यानीति मे पार्थ

निश्चितं मतमुत्तमम् ॥ ६ ॥

नियतस्य तु संन्यासः

कर्मणो नोपपद्यते ।

मोहात्तस्य परित्यागः

तामसः परिकीर्तितः ॥ ७ ॥

दुःखमित्येव यत्कर्म

कायक्लेशभयात्त्यजेत् ।

स कृत्वा राजसं त्यागं

नैव त्यागफलं लभेत् ॥ ८ ॥

कार्यमित्येव यत्कर्म

नियतं क्रियतेऽर्जुन ।

सङ्गं त्यक्त्वा फलं चैव

स त्यागः सात्त्विको मतः ॥ ९ ॥

न द्वेष्ट्यकुशलं कर्म

कुशले नानुषज्जते ।

त्यागी सत्त्वसमाविष्टो

मेधावी छिन्नसंशयः ॥ १० ॥

न हि देहभृता शक्यं

त्यक्तुं कर्माण्यशेषतः ।

यस्तु कर्मफलत्यागी

स त्यागीत्यभिधीयते ॥ ११ ॥

अनिष्टमिष्टं मिश्रं च

त्रिविधं कर्मणः फलम् ।

भवत्यत्यागिनां प्रेत्य

न तु संन्यासिनां क्वचित् ॥ १२ ॥

पञ्चैतानि महाबाहो

कारणानि निबोध मे ।

साङ्ख्ये कृतान्ते प्रोक्तानि

सिद्धये सर्वकर्मणाम् ॥ १३ ॥

अधिष्ठानं तथा कर्ता

करणं च पृथग्विधम् ।

विविधाश्च पृथक्चेष्टा

दैवं चैवात्र पञ्चमम् ॥ १४ ॥

शरीरवाङ्मनोभिर्यत्

कर्म प्रारभते नरः ।

न्याय्यं वा विपरीतं वा

पञ्चैते तस्य हेतवः ॥ १५ ॥

तत्रैवं सति कर्तारम्

आत्मानं केवलं तु यः ।

पश्यत्यकृतबुद्धित्वान्

न स पश्यति दुर्मतिः ॥ १६ ॥

यस्य नाहङ्कृतो भावो

बुद्धिर्यस्य न लिप्यते ।

हत्वाऽपि स इमाँल्लोकान्

न हन्ति न निबध्यते ॥ १७ ॥

ज्ञानं ज्ञेयं परिज्ञाता

त्रिविधा कर्मचोदना ।

करणं कर्म कर्तेति

त्रिविधः कर्मसङ्ग्रहः ॥ १८ ॥

ज्ञानं कर्म च कर्ता च

त्रिधैव गुणभेदतः ।

प्रोच्यते गुणसङ्ख्याने

यथावच्छृणु तान्यपि ॥ १९ ॥

सर्वभूतेषु येनैकं

भावमव्ययमीक्षते ।

अविभक्तं विभक्तेषु

तज्ज्ञानं विद्धि सात्त्विकम् ॥ २० ॥

पृथक्त्वेन तु यज्ज्ञानं

नानाभावान्पृथग्विधान् ।

वेत्ति सर्वेषु भूतेषु

तज्ज्ञानं विद्धि राजसम् ॥ २१ ॥

यत्तु कृत्स्नवदेकस्मिन्

कार्ये सक्तमहैतुकम् ।

अतत्त्वार्थवदल्पं च

तत्तामसमुदाहृतम् ॥ २२ ॥

नियतं सङ्गरहितम्

अरागद्वेषतः कृतम् ।

अफलप्रेप्सुना कर्म

यत्तत्सात्त्विकमुच्यते ॥ २३ ॥

यत्तु कामेप्सुना कर्म

साहङ्कारेण वा पुनः ।

क्रियते बहुलायासं

तद्राजसमुदाहृतम् ॥ २४ ॥

अनुबन्धं क्षयं हिंसाम्

अनवेक्ष्य च पौरुषम् ।

मोहादारभ्यते कर्म

यत्तत्तामसमुच्यते ॥ २५ ॥

मुक्तसङ्गोऽनहंवादी

धृत्युत्साहसमन्वितः ।

सिद्ध्यसिद्ध्योर्निर्विकारः

कर्ता सात्त्विक उच्यते ॥ २६ ॥

रागी कर्मफलप्रेप्सुः

लुब्धो हिंसात्मकोऽशुचिः ।

हर्षशोकान्वितः कर्ता

राजसः परिकीर्तितः ॥ २७ ॥

अयुक्तः प्राकृतः स्तब्धः

शठो नैष्कृतिकोऽलसः ।

विषादी दीर्घसूत्री च

कर्ता तामस उच्यते ॥ २८ ॥

बुद्धेर्भेदं धृतेश्चैव

गुणतस्त्रिविधं शृणु ।

प्रोच्यमानमशेषेण

पृथक्त्वेन धनञ्जय ॥ २९ ॥

प्रवृत्तिं च निवृत्तिं च

कार्याकार्ये भयाभये ।

बन्धं मोक्षं च या वेत्ति

बुद्धिः सा पार्थ सात्त्विकी ॥ ३० ॥

यया धर्ममधर्मं च

कार्यं चाकार्यमेव च ।

अयथावत्प्रजानाति

बुद्धिः सा पार्थ राजसी ॥ ३१ ॥

अधर्मं धर्ममिति या

मन्यते तमसावृता ।

सर्वार्थान्विपरीतांश्च

बुद्धिः सा पार्थ तामसी ॥ ३२ ॥

धृत्या यया धारयते

मनःप्राणेन्द्रियक्रियाः ।

योगेनाव्यभिचारिण्या

धृतिः सा पार्थ सात्त्विकी ॥ ३३ ॥

यया तु धर्मकामार्थान्

धृत्या धारयतेऽर्जुन ।

प्रसङ्गेन फलाकाङ्क्षी

धृतिः सा पार्थ राजसी ॥ ३४ ॥

यया स्वप्नं भयं शोकं

विषादं मदमेव च ।

न विमुञ्चति दुर्मेधा

धृतिः सा पार्थ तामसी ॥ ३५ ॥

सुखं त्विदानीं त्रिविधं

शृणु मे भरतर्षभ ।

अभ्यासाद्रमते यत्र

दुःखान्तं च निगच्छति ॥ ३६ ॥

यत्तदग्रे विषमिव

परिणामेऽमृतोपमम् ।

तत्सुखं सात्त्विकं प्रोक्तम्

आत्मबुद्धिप्रसादजम् ॥ ३७ ॥

विषयेन्द्रियसंयोगाद्

यत्तदग्रेऽमृतोपमम् ।

परिणामे विषमिव

तत्सुखं राजसं स्मृतम् ॥ ३८ ॥

यदग्रे चानुबन्धे च

सुखं मोहनमात्मनः ।

निद्रालस्यप्रमादोत्थं

तत्तामसमुदाहृतम् ॥ ३९ ॥

न तदस्ति पृथिव्यां वा

दिवि देवेषु वा पुनः ।

सत्त्वं प्रकृतिजैर्मुक्तं

यदेभिः स्यात्त्रिभिर्गुणैः ॥ ४० ॥

ब्राह्मणक्षत्रियविशां

शूद्राणां च परन्तप ।

कर्माणि प्रविभक्तानि

स्वभावप्रभवैर्गुणैः ॥ ४१ ॥

शमो दमस्तपः शौचं

क्षान्तिरार्जवमेव च ।

ज्ञानं विज्ञानमास्तिक्यं

ब्रह्मकर्म स्वभावजम् ॥ ४२ ॥

शौर्यं तेजो धृतिर्दाक्ष्यं

युद्धे चाप्यपलायनम् ।

दानमीश्वरभावश्च

क्षात्रं कर्म स्वभावजम् ॥ ४३ ॥

कृषिगौरक्ष्यवाणिज्यं

वैश्यकर्म स्वभावजम् ।

परिचर्यात्मकं कर्म

शूद्रस्यापि स्वभावजम् ॥ ४४ ॥

स्वे स्वे कर्मण्यभिरतः

संसिद्धिं लभते नरः ।

स्वकर्मनिरतः सिद्धिं

यथा विन्दति तच्छृणु ॥ ४५ ॥

यतः प्रवृत्तिर्भूतानां

येन सर्वमिदं ततम् ।

स्वकर्मणा तमभ्यर्च्य

सिद्धिं विन्दति मानवः ॥ ४६ ॥

श्रेयान्स्वधर्मो विगुणः

परधर्मात्स्वनुष्ठितात् ।

स्वभावनियतं कर्म

कुर्वन्नाप्नोति किल्बिषम् ॥ ४७ ॥

सहजं कर्म कौन्तेय

सदोषमपि न त्यजेत् ।

सर्वारम्भा हि दोषेण

धूमेनाग्निरिवावृताः ॥ ४८ ॥

असक्तबुद्धिः सर्वत्र

जितात्मा विगतस्पृहः ।

नैष्कर्म्यसिद्धिं परमां

संन्यासेनाधिगच्छति ॥ ४९ ॥

सिद्धिं प्राप्तो यथा ब्रह्म

तथाप्नोति निबोध मे ।

समासेनैव कौन्तेय

निष्ठा ज्ञानस्य या परा ॥ ५० ॥

बुद्ध्या विशुद्धया युक्तो

धृत्यात्मानं नियम्य च ।

शब्दादीन्विषयांस्त्यक्त्वा

रागद्वेषौ व्युदस्य च ॥ ५१ ॥

विविक्तसेवी लघ्वाशी

यतवाक्कायमानसः ।

ध्यानयोगपरो नित्यं

वैराग्यं समुपाश्रितः ॥ ५२ ॥

अहङ्कारं बलं दर्पं

कामं क्रोधं परिग्रहम् ।

विमुच्य निर्ममः शान्तो

ब्रह्मभूयाय कल्पते ॥ ५३ ॥

ब्रह्मभूतः प्रसन्नात्मा

न शोचति न काङ्क्षति ।

समः सर्वेषु भूतेषु

मद्भक्तिं लभते पराम् ॥ ५४ ॥

भक्त्या मामभिजानाति

यावान्यश्चास्मि तत्त्वतः ।

ततो मां तत्त्वतो ज्ञात्वा

विशते तदनन्तरम् ॥ ५५ ॥

सर्वकर्माण्यपि सदा

कुर्वाणो मद्व्यपाश्रयः ।

मत्प्रसादादवाप्नोति

शाश्वतं पदमव्ययम् ॥ ५६ ॥

चेतसा सर्वकर्माणि

मयि संन्यस्य मत्परः ।

बुद्धियोगमुपाश्रित्य

मच्चित्तः सततं भव ॥ ५७ ॥

मच्चित्तः सर्वदुर्गाणि

मत्प्रसादात्तरिष्यसि ।

अथ चेत्त्वमहङ्कारान्

न श्रोष्यसि विनङ्क्ष्यसि ॥ ५८ ॥

यदहङ्कारमाश्रित्य

न योत्स्य इति मन्यसे ।

मिथ्यैष व्यवसायस्ते

प्रकृतिस्त्वां नियोक्ष्यति ॥ ५९ ॥

स्वभावजेन कौन्तेय

निबद्धः स्वेन कर्मणा ।

कर्तुं नेच्छसि यन्मोहात्

करिष्यस्यवशोऽपि तत् ॥ ६० ॥

ईश्वरः सर्वभूतानां

हृद्देशेऽर्जुन तिष्ठति ।

भ्रामयन्सर्वभूतानि

यन्त्रारूढानि मायया ॥ ६१ ॥

तमेव शरणं गच्छ

सर्वभावेन भारत ।

तत्प्रसादात्परां शान्तिं

स्थानं प्राप्स्यसि शाश्वतम् ॥ ६२ ॥

इति ते ज्ञानमाख्यातं

गुह्याद्गुह्यतरं मया ।

विमृश्यैतदशेषेण

यथेच्छसि तथा कुरु ॥ ६३ ॥

सर्वगुह्यतमं भूयः

शृणु मे परमं वचः ।

इष्टोऽसि मे दृढमिति

ततो वक्ष्यामि ते हितम् ॥ ६४ ॥

मन्मना भव मद्भक्तो

मद्याजी मां नमस्कुरु ।

मामेवैष्यसि सत्यं ते

प्रतिजाने प्रियोऽसि मे ॥ ६५ ॥

सर्वधर्मान्परित्यज्य

मामेकं शरणं व्रज ।

अहं त्वा सर्वपापेभ्यो

मोक्षयिष्यामि मा शुचः ॥ ६६ ॥

इदं ते नातपस्काय

नाभक्ताय कदाचन ।

न चाशुश्रूषवे वाच्यं

न च मां योऽभ्यसूयति ॥ ६७ ॥

य इदं परमं गुह्यं

मद्भक्तेष्वभिधास्यति ।

भक्तिं मयि परां कृत्वा

मामेवैष्यत्यसंशयः ॥ ६८ ॥

न च तस्मान्मनुष्येषु

कश्चिन्मे प्रियकृत्तमः ।

भविता न च मे तस्माद्

अन्यः प्रियतरो भुवि ॥ ६९ ॥

अध्येष्यते च य इमं

धर्म्यं संवादमावयोः ।

ज्ञानयज्ञेन तेनाहम्

इष्टः स्यामिति मे मतिः ॥ ७० ॥

श्रद्धावाननसूयश्च

शृणुयादपि यो नरः ।

सोऽपि मुक्तः शुभाँल्लोकान्

प्राप्नुयात्पुण्यकर्मणाम् ॥ ७१ ॥

कच्चिदेतच्छ्रुतं पार्थ

त्वयैकाग्रेण चेतसा ।

कच्चिदज्ञानसम्मोहः

प्रनष्टस्ते धनञ्जय ॥ ७२ ॥

अर्जुन उवाच -

नष्टो मोहः स्मृतिर्लब्धा

त्वत्प्रसादान्मयाच्युत ।

स्थितोऽस्मि गतसन्देहः

करिष्ये वचनं तव ॥ ७३ ॥

सञ्जय उवाच –

इत्यहं वासुदेवस्य

पार्थस्य च महात्मनः ।

संवादमिममश्रौषम्

अद्भुतं रोमहर्षणम् ॥ ७४ ॥

व्यासप्रसादाच्छ्रुतवान्

एतद्गुह्यमहं परम् ।

योगं योगेश्वरात्कृष्णात्

साक्षात्कथयतः स्वयम् ॥ ७५ ॥

राजन्संस्मृत्य संस्मृत्य

संवादमिममद्भुतम् ।

केशवार्जुनयोः पुण्यं

हृष्यामि च मुहुर्मुहुः ॥ ७६ ॥

तच्च संस्मृत्य संस्मृत्य

रूपमत्यद्भुतं हरेः ।

विस्मयो मे महान् राजन्

हृष्यामि च पुनः पुनः ॥ ७७ ॥

यत्र योगेश्वरः कृष्णो

यत्र पार्थो धनुर्धरः ।

तत्र श्रीर्विजयो भूतिः

ध्रुवा नीतिर्मतिर्मम ॥ ७८ ॥

Date: M T W T F S S

ॐ तत्सदिति श्रीमद्भगवद्गीतासूपनिषत्सु

ब्रह्मविद्यायां योगशास्त्रे

श्रीकृष्णार्जुनसंवादे

मोक्षसंन्यासयोगो नामाष्टादशोऽध्यायः ॥

ॐ हरये नमः । ॐ हरये नमः ।

ॐ हरये नमः ।

ॐ शान्तिः । ॐ शान्तिः । ॐ शान्तिः ।

हरिः ॐ ॥ श्रीकृष्णार्पणमस्तु ॥

ShreeMeera Foundation

Every Life Matters

The ShreeMeera Foundation (SMF) was established with a vision to bridge timeless spiritual wisdom with the realities of the modern world. Rooted in the principle of selfless service (sevā), SMF was incorporated in the State of Delaware, USA, on May 20, 2014, and operates as a registered 501(c)(3) nonprofit organization.

SMF is a dedicated team of volunteers passionately devoted to the preservation, evolution and application of knowledge pertaining to spirituality, self-realization, and the path of devotion. Transcending the boundaries of geography, language and faith, SMF's activities are focused on the application of those universal principles that form the basis of existence of life, that give meaning to that existence and that bring life into harmony with the universe within which it exists.

Preservation

SMF undertakes the careful digitization, archiving, and standardization of spiritual texts and teachings—protecting them from the erosion of time and technological obsolescence. This includes the migration of manuscripts and printed works into modern digital formats, as well as the conversion of analog recordings into accessible, high-quality digital media. Through this, SMF ensures that these treasures of knowledge remain available to seekers across generations.

Evolution

The pillar of Evolution focuses on translating and transliterating sacred content—particularly from Sanskrit and Marathi—into multiple languages and scripts, including English Roman. This effort allows students, devotees, and seekers from diverse linguistic backgrounds to approach spiritual knowledge without the barriers of unfamiliar scripts. By blending accuracy with accessibility, SMF helps ancient wisdom find new life in the modern age.

Application

Beyond preservation and evolution lies the most vital pillar: Application. SMF believes that spiritual knowledge must not only be read or remembered—it must be lived. To this end, SMF has developed technology-based platforms and multimedia experiences that encourage personal engagement with spiritual teachings. Among these initiatives are Project X, which focuses on digitization, transliteration, and the creation of documentaries and digital archives, and SMF Petals, a mobile and web-based application offering access to a vast library of scriptures, hymns, chants and compostions in both Devanāgarī and English Roman scripts. In addition, SMF Nexus is a project designed to re-present in various languages principles of Adwaita Vedāṅta, enshrined in scriptures such as the Vedās, the Shreemad Bhagawad Geetā and the ShreeJñāneshwarī, empowering seekers to live a life in which spirituality is built-in, not bolted on.

Inclusivity and Sustainability

SMF's work is distinguished by its commitment to inclusivity, universality, and sustainability. It embraces seekers of all paths, affirming that spiritual wisdom is the shared heritage of humanity. Its initiatives transcend sectarian and cultural lines, inviting everyone to experience spirituality as a unifying force rather than a dividing one. SMF also integrates sustainable practices—favoring digital platforms, cloud infrastructure, and minimal physical printing—to ensure responsible stewardship of both knowledge and the environment.

Proudly volunteer-driven, SMF upholds the highest standards of integrity and transparency. The organization operates independently of external affiliations or institutional control, guided instead by the collective intention of its contributors to serve humanity through the preservation and dissemination of divine knowledge.

Learning Together

This Tracing Book of the Shreemad Bhagawad Geetā extends SMF's mission into an intimate, personal practice. Each page encourages reflection, devotion, and consistency—values that mirror SMF's belief that spiritual progress is achieved not through grand acts but through steady, sincere effort.

In bringing this work to life, SMF continues its commitment to the living tradition of sādhanā—transforming learning into service, practice into realization, and every written word into a step toward the Divine.

❋❋❋

SMF Petals

Write with your Hand, Listen with your Heart

The SMF Petals App, created by the ShreeMeera Foundation (SMF), is a digital companion to your tracing journey—a bridge between daily practice and timeless wisdom. Designed to make sacred knowledge accessible anytime, anywhere, the app brings together a growing collection of spiritual texts, including the Shreemad Bhagawad Geetā, Shree Jñāneshwarī, and other revered scriptures.

Each text is available in both Devanāgarī and English Roman scripts, allowing seekers from all backgrounds to read, learn, and reflect with ease. The app now also includes an expanding library of audio recordings of these scriptures, narrated to help users follow pronunciation, rhythm, and meaning—turning reading into a truly immersive experience.

For users of this tracing book, SMF Petals offers continuity beyond the page. You can listen to the verses you trace, review meanings, and strengthen your understanding through repetition and reflection. This harmony of written and spoken word deepens concentration and reinforces the habit of small, consistent spiritual acts each day.

Together, the SMF Tracing Books and SMF Petals App embody the Foundation's mission: to preserve, evolve, and apply spiritual knowledge in daily life. As we write with our hand and listen with our heart, may each verse become a living reminder that consistency, mindfulness, and devotion are the true measures of progress on the path of spirituality.

Bookmark Page

Here's an easy tutorial to help you make a bookmark for this book.

- Start with a square piece of paper. Place it flat on your table.
- Fold the paper diagonally to make a triangle. Press the edges firmly.
- Rotate the triangle so the longest edge is at the bottom.
- Take the left and right corners and fold them upward so they meet at the top point. You will see a diamond shape.
- Open these two flaps again.
- Fold the top point down to meet the bottom edge. This creates a small pocket.
- Fold the left and right corners up again and gently tuck their points into the pocket.
- Turn the bookmark over. It is now ready to slide onto the corner of any page.

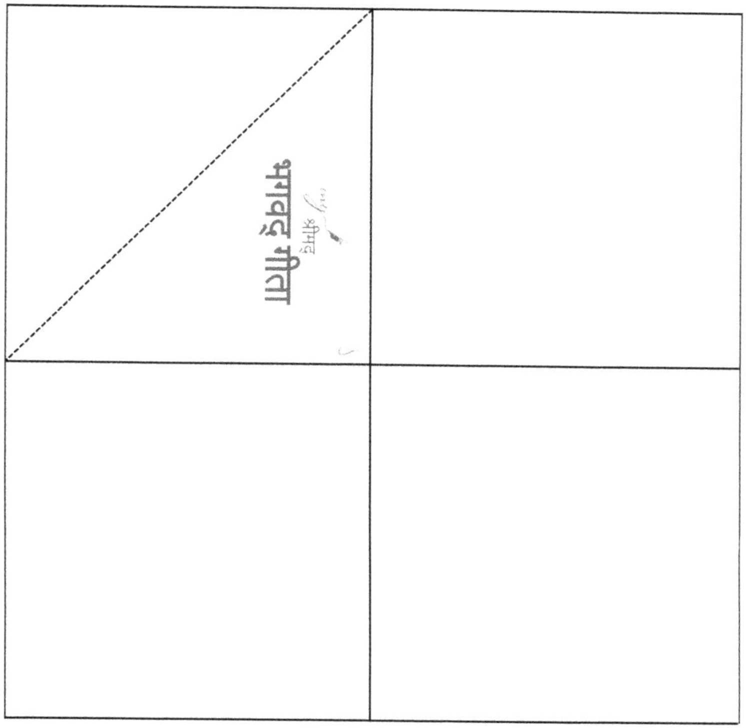
श्रीमद्
भगवद् गीता

www.ingramcontent.com/pod-product-compliance
Lightning Source LLC
LaVergne TN
LVHW050917210926
848482LV00012B/467

* 9 7 9 8 9 0 3 9 2 0 2 4 2 *